SCORPION
SAGITTAIRE
CAPRICORNE
VERSEAU
POISSONS
R I R E ! »

A S T R O R I R E

LA BALANCE

Conception & Textes
Jacky GOUPIL
avec

ALF-DAN, BELOM, BLANCKAERT, BRAIDA, CHANTELOUP, COLIN-THIBERT,
DOM, GÉGÉ, GODARD, HERLE, HUGOT, LEROUGE,
LOUARN, PAQUI, PICHON, RAOUL, RAY, RUCKSTUHL, SAILLANT,
SOLE, THOMAS, TIGNOUS, TOURNAIRE, UCCIANI, VRUBLE

Conception Graphique : Jean SOLE
Astrologue-Conseil : Francis MICHEL

éditions Vents d'Ouest

Chez le même éditeur

- — Pacush Blues — PTILUC — (5 volumes)
- — Insolitudes — HARDY —
- — La véritable histoire de Ashe Barrett — HARDY —
- — Les enfants du réveil — BOURNAZEL, SALMON —
- — Des Belles et des Bêtes — RIU —
- — Les histoires merveilleuses des Oncles Paul — COLLECTIF —
- — Cruelles — BUFFIN, RODOLPHE —
- — L'Or de Montserrat — DARIO, CHUPIN —
- — Marilyn je t'aime — COLLECTIF —
- — Route des falaises — TOURNADRE, RODOLPHE —
- — Cyrano de Bergerac — GARCIA, RODRIGUE, VRUBLE, WEBER —
- — Amours Volatiles — PTILUC —
- — Le Soleil des Loups — GONNORT, Arthur QWAK, RALPH —
- — Attention Mââr-Rhan veut faire évoluer l'Humanité — GÉGÉ, LOUARN —
- — Il y a deux cents ans, la Révolution française — COTHIAS, TEMGLIT —
- — Astrorire : Collection 12 volumes — COLLECTIF —

Pour être tenu régulièrement au courant de nos parutions, envoyez vos nom et adresse à :

Éditions VENTS D'OUEST
4, rue de la Sorbonne, 75005 PARIS

ISBN: 2-86967-033-8
Dépôt légal: avril 1988
Éditions Vents d'Ouest
4, rue de la Sorbonne, 75005 Paris
Tél.: (1) 46-34-79-04
Diffusion étranger: HATIER INTERNATIONAL. Tél.: (1) 45-44-38-38
Imprimé en Italie
par Tipolitografia G. Canale & C. S.p.A. - Turin

GÉNÉRALITÉS

La Balance est le septième signe du Zodiaque. Le soleil y entre à l'équinoxe d'automne, le 23 septembre, et en sort le 23 octobre.
La planète dominante de la Balance est Vénus, l'astre le plus lumineux du ciel après la Lune et le Soleil. Vénus est également la déesse de l'amour et de la beauté, ce qui explique l'origine de l'expression « un corps bien balancé »
Le signe est représenté par un instrument généralement constitué d'un fléau mobile et de plateaux portant l'un le corps à peser, l'autre les masses...

La Balance est un signe d'air…

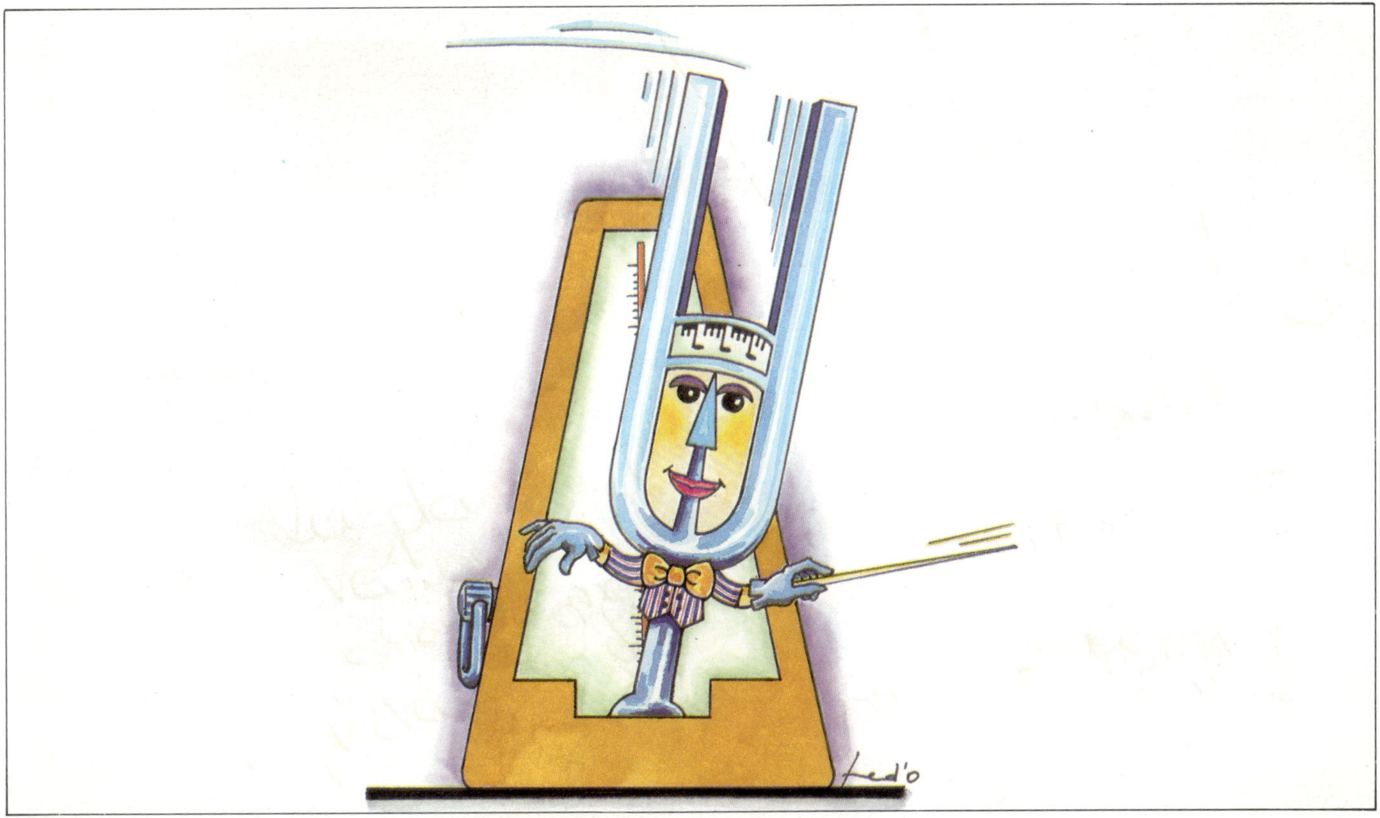

très harmonieux.

Malgré son fond narcissique

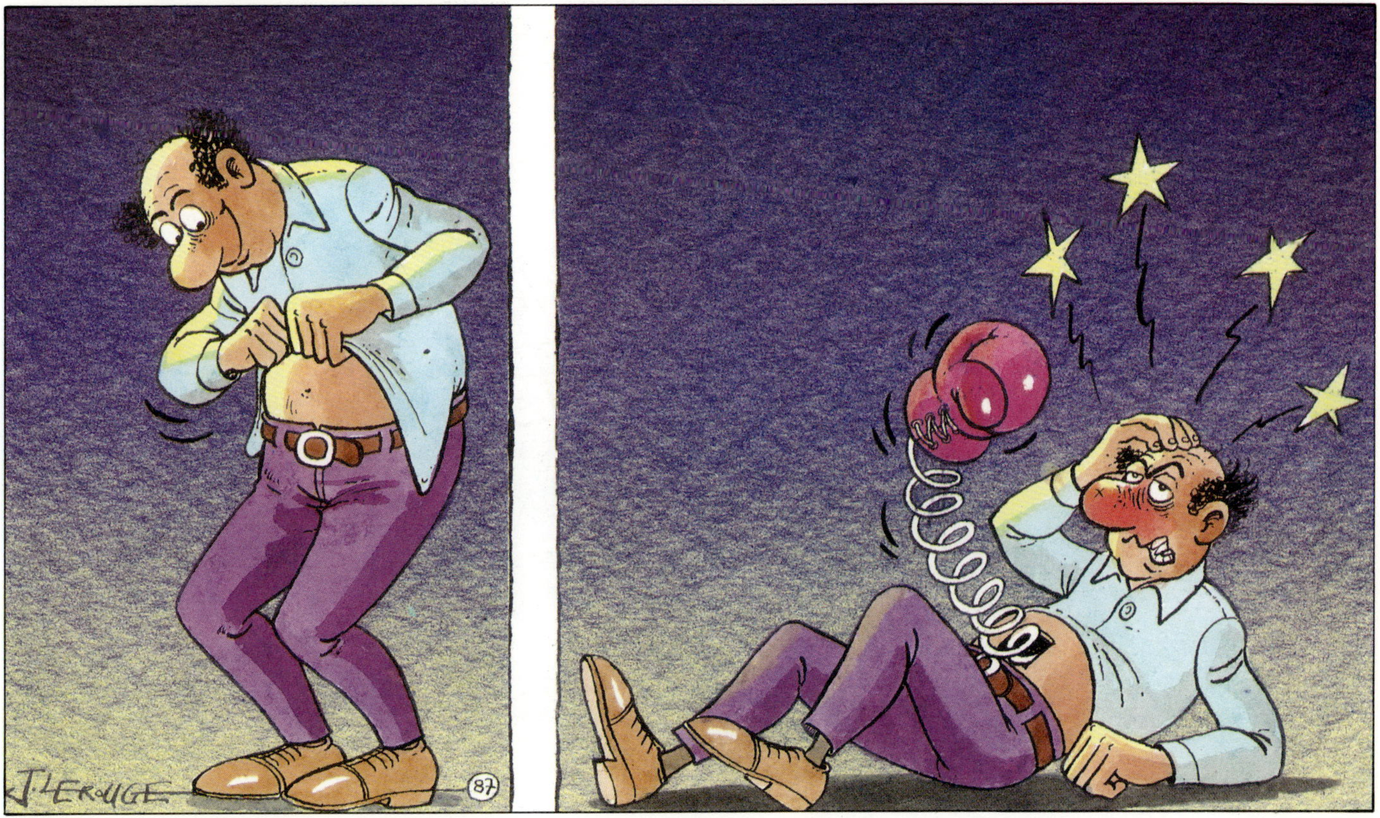

et nombriliste…

c'est une diplomate...

qui sait parvenir à ses fins.

Dans la vie, elle est parfois triste…

et cherche son équilibre.

Elle est toujours disponible pour les autres...

et ne sait pas refuser...

car elle est très tolérante.

LA FAMILLE ET L'AMOUR

Pour la Balance, la famille est le moyen de vivre en harmonie avec les autres. Toutefois, elle fait pencher la balance de ses sentiments plus vers le partenaire que vers les enfants.
En amour, comme elle a du mal à décider ce qu'elle doit faire, elle est toujours entre deux chaises. C'est sa façon d'être équilibrée.

Avec Vénus comme planète dominante…

la Balance est un signe que l'amour privilégie.

Hésitante…

avant de prendre position…

elle est indécise…

et ne sait jamais quand dire « oui » (ou plutôt ne pas dire « non »).

Coquette en toutes circonstances…

elle a un sens aigu de la beauté.

Elle veut plaire…

Mais bien sûr que je t'aime !...
Qu'est-ce qui pourrait bien te faire douter ?!

charmer...

et séduire. Ce sont ses trois mots clés en amour.

Elle a besoin qu'on l'aime...

et cherche l'autre comme étant l'alter ego.

LE TRAVAIL ET L'ARGENT

La profession et le travail préoccupent peu les natifs de ce signe. La Balance s'en balance.
Comme elle ne cherche pas à avoir de l'argent à tout prix, elle préfère se débrouiller au coup par coup, et vit sans problème son laxisme désarmant.

La Balance a le sens de la justice...

dont elle est l'emblème.

Elle veut la paix…

voire le pacifisme.

Elle est attirée par la politique…

où l'on peut ne pas trop s'engager.

D'ailleurs 50 % des hommes politiques sont de la Balance.

Il faut dire que le travail n'est pas son souci n° 1...

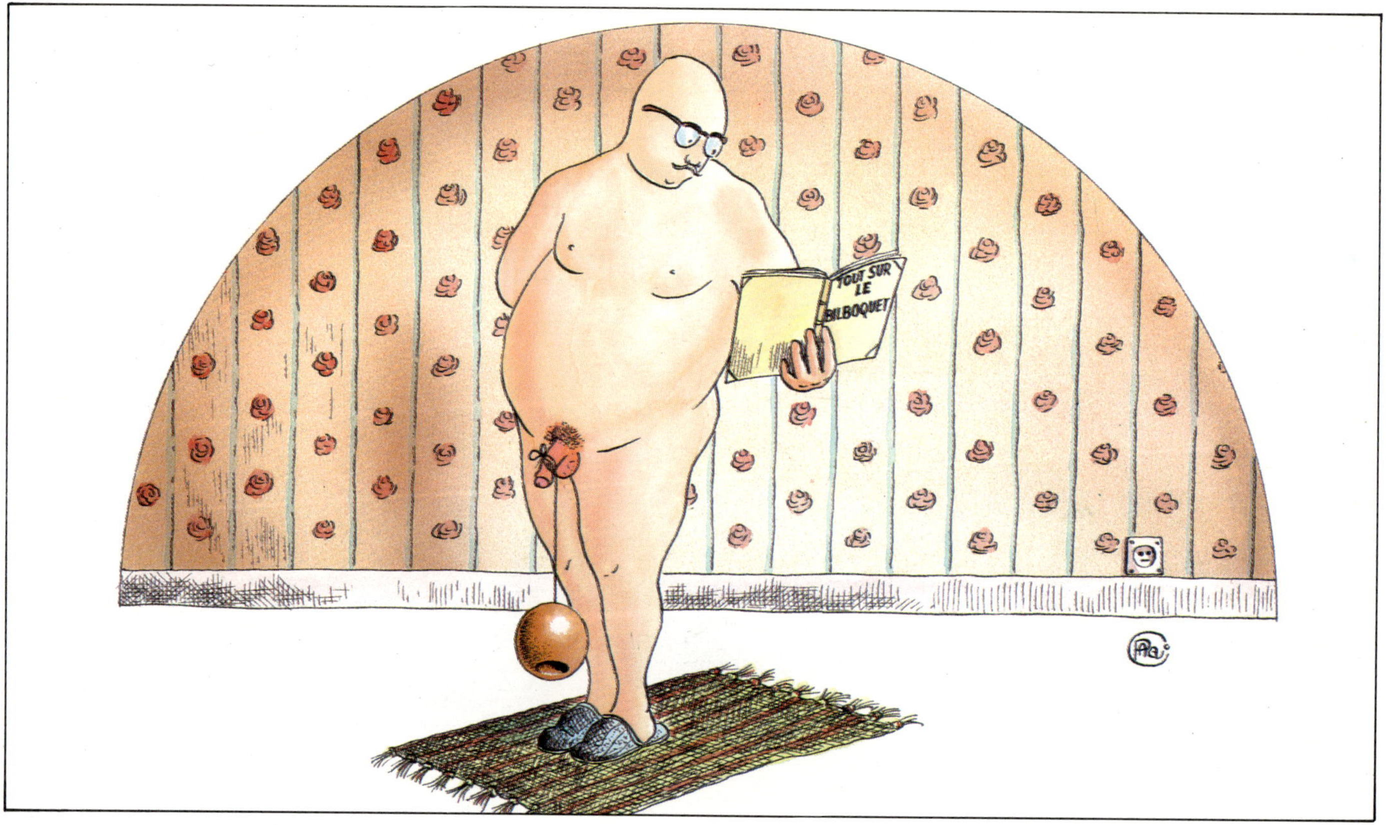

la Balance préfère la distraction.

Pour elle, l'argent n'a pas d'importance...

c'est un moyen de vivre dans l'harmonie et la beauté.

SANTÉ

« Pourquoi » étant un des mots clés du signe, la Balance veut bien être malade mais elle souhaite comprendre. De même qu'elle veut savoir ce que lui prescrit le médecin et les conséquences du traitement. Elle met tout cela en balance et suit soigneusement l'ordonnance sans dépasser la dose prescrite...

La Balance est un bon malade.

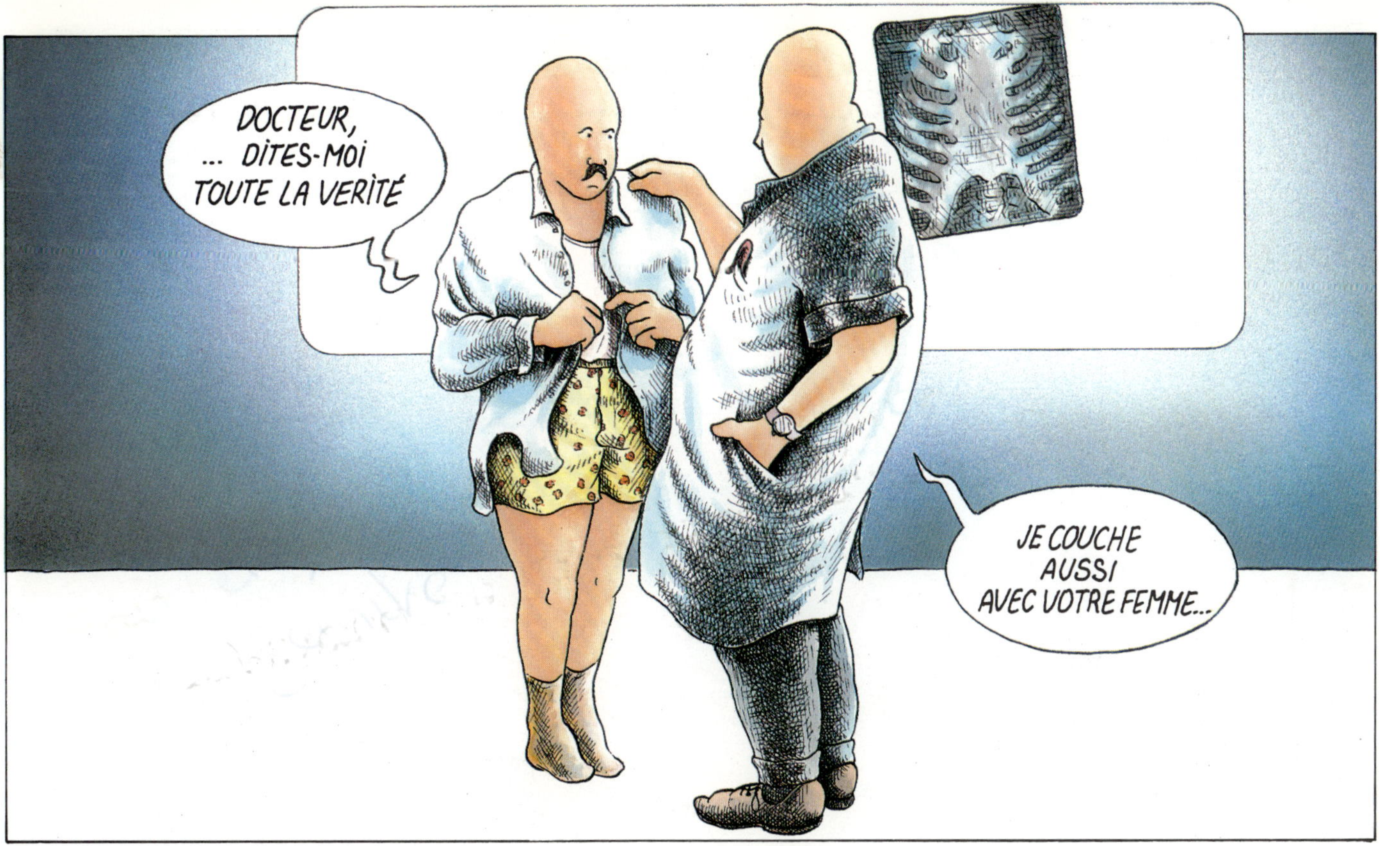

Un peu inquiet...

elle craint le rhume...

qu'elle attrape facilement.

Ses parties du corps essentielles sont le bassin et les reins.

UN NATIF DE LA BALANCE CÉLÈBRE

INDEX

BELIER
TAUREAU
GEMEAUX
CANCER
LION
« ASTRO
SOLÉ 87